AF268251

DE LA CRÉATION

D'UNE

CHAMBRE HAUTE

DE LA

RÉFORME DU SUFFRAGE UNIVERSEL

ET DE LA PRÉSIDENCE A VIE

PARIS

IMPRIMERIE BALITOUT, QUESTROY ET Ce

7, rue Baillif, et rue de Valois, 13

DE LA CRÉATION

D'UNE

CHAMBRE-HAUTE

DE LA

RÉFORME DU SUFFRAGE UNIVERSEL

ET DE LA PRÉSIDENCE A VIE

PARIS

E. DENTU, LIBRAIRE-ÉDITEUR

PALAIS-ROYAL, 17-19, GALERIE D'ORLÉANS

1872

DE LA CRÉATION

D'UNE

CHAMBRE-HAUTE

On suppose à **M.** Thiers le dessein de demander à l'Assemblée nationale la création d'une Chambre-Haute. La discussion de cette question est donc à propos.

La création d'une Chambre-Haute, soit qu'elle doive avoir simplement le rôle de gardienne de la Constitution comme sous le régime de l'an VIII et le second empire, soit qu'on lui attribue un rôle explicitement et directement législatif comme sous la Charte, implique fatalement qu'elle ser-

vira de modérateur politique, et par conséquent
de digue contre les écarts d'intelligence ou de vo-
lonté, soit du Pouvoir exécutif, soit de l'Assemblée
nationale.

Il en résulte que, surtout quand on suppose la
forme Républicaine, la Chambre-Haute ne peut
pas procéder du Chef de l'État; car, en vertu de la
loi naturelle qui soumet constamment tout être à
l'influence de sa cause, la Chambre-Haute devien-
drait alors le point d'appui du Pouvoir central
contre l'idée nationale.

Mais, d'autre part, il est également impossible
que la Chambre-Haute émane du suffrage universel lui-même. Car si la Chambre-Haute ne repré-
sentait pas l'idée d'une cause supérieure à la cause
de l'Assemblée nationale, on ne verrait pas sur
quoi fonder le principe de son contrôle. Sa
création ne serait qu'une conception anarchique,
ne faisant que mettre le suffrage universel en con-
flit virtuel contre lui-même par la dualité de sa
représentation.

Ainsi, la Chambre-Haute doit, au moins, éma-
ner d'une élite d'électeurs.

Mais je croirais meilleur encore d'en faire un
composé de tout ce qui, dans l'organisme social,
remplit une fonction prépondérante. Car, c'est une

sorte de loi naturelle que, quoique, sans doute, il soit loin que les hommes les plus capables et même les hommes de génie émergent toujours de la foule, cependant, ceux en général auxquels échoient les prépondérances fonctionnelles aient un mérite notable et même en quelque façon exceptionnel. En sorte que rallier ces chefs et les fondre en un corps, c'est, dans la mesure du possible humain, exprimer et condenser ce que le milieu social renferme de prééminent et de mieux doué pour le profit commun.

Or, pour répondre à cet idéal, voici, ce me semble, les meilleurs éléments de la Chambre-Haute :

1° Les dignitaires : les cardinaux, les maréchaux, les amiraux.

Ces membres seraient institués *à vie,* puisque leur dignité est perpétuelle par nature.

2° Les autorités inamovibles : les premiers Présidents de la Cour de cassation et de la Cour des comptes ; les premiers Présidents des Cours d'appel ; — les Archevêques et les Évêques.

Ces membres ne devraient faire partie de la Chambre-Haute qu'autant qu'ils demeureraient en fonctions actives. Les premiers Présidents de la Cour de cassation et de la Cour des comptes sortiraient donc en même temps qu'ils auraient leur retraite ; et les premiers Présidents des Cours d'appel en même temps ou qu'ils auraient leur retraite, ou qu'ils seraient promus à la Cour de cassation.

3° Les Grand'Croix de l'Ordre de la Légion-d'Honneur.

J'introduis les Grand'Croix de l'Ordre de la Légion-d'Honneur parce que ce serait un moyen de faire entrer à la Chambre-Haute les hommes éminents dont les fonctions ne peuvent pas, par nature, conférer un pareil privilége. Ce serait encore un moyen de maintenir à la Chambre-Haute les autorités religieuses et judiciaires qui viendraient à se retirer des fonctions actives, et dont les services et l'intelligence mériteraient une exception favorable au pays.

4° Un citoyen élu, dans chaque département, par un collége électoral spécial, comprenant l'ensemble des autorités administratives, religieuses et judiciaires, tant délibérantes qu'exécutives, de tout le département.

J'introduis l'électilité dans la Chambre-Haute, d'une part, pour donner issue aux capacités no-

toires non entrées dans les catégories fonctionnelles ; et, d'autre part, pour ouvrir accès et à l'é-
lément administratif proprement dit : conseillers
généraux, préfets, etc., et à l'élément politique :
membres de l'Assemblée nationale, ministres, am-
bassadeurs, etc.

L'élection conférerait un mandat *à vie*.

Si ces données étaient admises, la Chambre-
Haute se composerait d'environ deux cent cin-
quante membres, savoir : quatre-vingt-dix membres éligibles, quatre-vingt-dix membres de
l'épiscopat, trente premiers Présidents, une di-
zaine de Maréchaux et Amiraux, et une trentaine
de Grand'Croix de la Légion d'honneur, membres
à titre propre de Grand'Croix ; car il est certain
que la plupart de ces derniers seraient déjà membres de la Chambre-Haute à un autre titre.

Disons un mot des attributions de cette Chambre-
Haute.

Je crois qu'elle ne doit pas être réduite au simple
rôle de gardienne de la Constitution ; car elle sera,
alors, complétement annihilée par l'Assemblée
nationale, et deviendra, comme sous le second
empire, un simple décor. Et d'ailleurs, il est bien
difficile de distinguer le domaine constitutionnel

du domaine législatif ; et tout le monde reconnaît que la loi la plus simple peut avoir, ou du moins être fictivement, en cas de besoin, réputée avoir une répercussion sur les fondements mêmes de la Constitution.

Il faut se garder plus encore que, sous une appellation quelconque, la Chambre-Haute ait un pouvoir législatif distinct et indépendant de l'Assemblée nationale ; car alors, et à la faveur même de l'indistinctibilité des questions d'ordre constitutionnel d'avec les questions d'ordre législatif, ce serait donner au Chef de l'Etat le moyen de neutraliser l'Assemblée qui lui ferait opposition, et ressusciter le despotisme de Napoléon Ier.

Il faut donc que la Chambre-Haute soit, comme l'était la Chambre des Pairs, une portion essentielle de la puissance législative, ou, plus exactement, que les deux Assemblées aient absolument des attributions identiques.

Toutefois, le danger de l'éclipsement de l'une par l'autre n'est pas encore pour cela conjuré. L'histoire le montre pour la Chambre des Pairs. Or, n'y a-t-il point un moyen efficace de maintenir l'égalité entre elles deux ? Si, à mes yeux !

Ce moyen consisterait à introduire entre les deux Assemblées le rapport que la Constitution de 1852 avait établi entre le Conseil d'État et la Chambre des Députés ; c'est-à-dire, de vouloir que les deux Chambres collaborassent simultanément et conjointement à toutes les lois ; en sorte qu'au lieu que la loi fût apportée dans une Chambre après avoir été votée par l'autre dans son ensemble, toutes deux, au contraire, fussent constamment solidaires dans la discussion de chaque article.

Concédons, si l'on veut, que, peut-être, dans une telle organisation, les deux Chambres, au lieu d'être absolument deux corps constitutionnels distincts, seraient plutôt deux sections d'un même Conseil ; il demeure vrai que leur indépendance réciproque ne serait pas compromise. Et il resterait l'avantage que la discussion, se produisant dans deux milieux différents, n'aurait pas à subir l'influence de la même atmosphère, et ne serait pas agitée par les mêmes émotions.

DE LA RÉFORME

DU

SUFFRAGE UNIVERSEL

Maintenant, puisque, par la force des choses, on discute la suffisance politique du suffrage universel, je voudrais dire aussi quelques mots des réformes nécessaires, selon moi, à y introduire.

C'est Aristote qui disait : (1) « Pour faire un bon choix, il est nécessaire d'avoir des connaissances. Voulez-vous élire un pilote ou un géomètre, il faut que les électeurs soient des pilotes ou des géomètres. Si des ignorants se mêlent de don-

(1) Aristote, *Politique*, liv. III, ch. 6.

ner leur avis dans les sciences et les diverses
opérations de la vie, jugeront-ils aussi sainement
que les gens de l'art? La multitude, donc, ne devrait ni voter dans les élections, ni juger la res-
ponsabilité des magistrats. »

C'est Montesquieu (1) qui pensait que : « L'on
connaît beaucoup mieux les besoins de sa ville
que ceux des autres villes, et on juge mieux de la
capacité de ses voisins que de celle de ses autres
compatriotes. »

Je suis humblement de l'avis de ces deux autorités. Et c'est pourquoi je voudrais que le suffrage
universel fût réduit à l'élection des magistrats mu-
nicipaux. Et que l'élection aux magistratures supérieures fût confiée exclusivement à des électeurs d'ordre supérieur.

C'est pourquoi je voudrais que les conseillers
d'arrondissement et les conseillers généraux fussent élus par un collége électoral de second degré,
comprenant seulement, mais comprenant dans
leur ensemble, les autorités administratives, judiciaires et religieuses, tant délibérantes qu'exécutives, de chaque canton.

Et les représentants à l'Assemblée nationale, par

(1) Montesquieu. *Esprit des Lois*, liv. XI, ch. 6, alinéa 23e.

un collège électoral similairement composé, mais comprenant non plus un canton, mais la totalité de chaque arrondissement.

Il est encore une autre réforme, d'une toute autre nature, que je désirerais voir introduire dans le suffrage universel. Nos lois électorales restreignent avec un soin jaloux le droit de vote de chaque citoyen à une unique commune. Et il faut avoir dans cette commune le domicile *réel*. C'est la disposition de la loi qui nous régit en ce moment (loi du 14 avril-17 mai 1871), et qui ne fait, en ce point, que répéter les précédentes. Eh bien ! ce principe me paraît faux. Chacun doit, une fois qu'on lui reconnaît la capacité d'avoir un avis, être en droit de donner cet avis partout où il a un intérêt à sauvegarder et à faire valoir. Le suffrage universel n'existe plus dans sa vérité dès lors que celui contre lequel peut porter une décision n'a pas donné mandat, pour sa part, à ceux qui édicteront cette décision. Si l'on était, aujourd'hui, conséquent avec le principe posé, nul homme ne devrait pouvoir voter pour deux ordres de choses même absolument distincts : un notable commerçant, par exemple, électeur pour les tribunaux consulaires, ne devrait pas être électeur politique ni municipal. Cet aboutissement logique montre le vice du principe. Sans doute on comprend que le même individu ne vote pas plusieurs fois dans la même unité collective, mais qu'il lui soit défendu de voter dans une unité collective parce qu'il a le droit de voter dans une autre unité collective, c'est ce qui ne peut se comprendre ni se légitimer..

Il y a, d'ailleurs, dans notre système actuel, une inconséquence : on peut être éligible alors même qu'on n'est pas électeur (Cf. Loi du 14 avril. — 17 mai 1871, art. 4, § 3). Voilà cependant deux qualités qui devraient être corrélatives ; car l'éligibilité implique que l'élu aura et la capacité et l'intérêt suffisants pour la gestion à laquelle il sera appelé. Or, comment ne l'aurait-il pas mieux encore pour donner simplement son avis, comme électeur, sur l'aptitude de l'éligible?

Je voudrais donc que chaque individu eût le droit de voter pour la formation du conseil municipal, dans toute commune où il paierait un impôt direct.

PRÉSIDENCE A VIE

Enfin, j'ai besoin de réitérer ici un vœu, que j'ai adressé l'année dernière (le 25 septembre 1871) à l'Assemblée nationale. Ce que je croyais alors avantageux, et mieux, nécessaire au pays, je le crois encore, et plus que jamais. Et comme la forme de ma pétition me paraît encore suffisamment appropriée aux circonstances présentes, je me contente de la transcrire littéralement.

A Messieurs les Représentants, à l'Assemblée nationale.

Messieurs les Représentants,

J'ai l'honneur de demander à l'Assemblée nationale qu'Elle décrète;

1° Que la présidence de la République sera viagère;

2° Que le Président actuel de la République sera Président à vie.

I

L'Assemblée nationale, par la loi du 31 août 1871, s'est reconnue Constituante.

Cette affirmation n'était pas, évidemment, dans la pensée de l'Assemblée, une simple revendication théorique; mais elle devait avoir, au contraire, tout l'effet pratique qu'exigeraient les intérêts du pays.

Or, l'Assemblée nationale elle-même a pris soin, par la même loi, de constater que le pays a besoin de stabilité; et c'est la raison sur laquelle elle s'est fondée pour légitimer une modification immédiate dans le titre et la situation du Chef du Pouvoir exécutif.

Or, cependant, l'instabilité à laquelle l'Assemblée a voulu porter remède existe toujours, et l'inquiétude universelle persévère. Car si la chute du Chef du Gouvernement est à peu près nécessairement subordonnée à la disparition de l'Assemblée elle-même, cette chute est du moins certaine pour cette époque. Or, la dissolution de l'Assemblée est une chose prochainement possible, et peut-être même prochainement fatale. Car, il est de la nature des Assemblées, surtout quand elles sont nombreuses, et surtout encore quand elles sont souveraines, de s'user* rapidement, et par conséquent d'avoir besoin de se retremper fréquemment dans leur source. Et il n'est pas, ce semble, de prorogation qui puisse équivaloir à cette rénovation nécessaire.

L'Assemblée nationale semble donc soumise à l'obligation de donner, le plus prochainement possible, une constitution à la France.

II

Or, la France, je le crois avec la majorité de l'Assemblée, n'est pas républicaine ; mais elle n'est pas non plus, à mon sens, précisément monarchiste, dans le sens habituel et traditionnel du mot.

Les populations, en effet, même les populations rurales, qui répètent sans cesse qu'il faut un

« gouverneur », s'inquiètent peu de ce qu'on appelle la légitimité. Bien plus, elles ont une prévention, profondément enracinée, contre le représentant de la branche aînée de la |Maison de France, c'est-à-dire contre celui qui, précisément, est la seule incarnation de la légitimité. Cette prévention est déraisonnable, assurément, et tout homme éclairé sait bien que le Comte de Chambord, une fois roi, non-seulement ne voudrait pas, mais même le voulût-il, ne pourrait pas ressusciter l'ancien régime. Mais il n'importe : cette prévention existe chez les masses, et ne paraît pas près d'être domptée.

Dans les classes supérieures elles-mêmes, le sentiment de la légitimité paraît singulièrement émoussé, puisqu'on a vu tout récemment, et alors que les circonstances semblaient plus impérieusement commander l'abnégation personnelle et la concorde, une fraction des partisans de Henri V faire opposition publique à leur chef, et ce, sur une question secondaire, la question du drapeau.

La France n'est pas, non plus, rattachée à la branche d'Orléans par le sentiment véritable de l'hérédité monarchique. Car loin de se concentrer sur le Comte de Paris, qui est pourtant le seul à pouvoir logiquement revendiquer l'héritage royal de Louis-Philippe, l'opinion se divise et se disperse entre différents membres de la famille, et

par conséquent considère bien plutôt leur personne et leur caractère proprement individuel
que leur extraction du dernier roi.

Voici donc, ce semble, à quoi se réduit le sentiment monarchiste de la France :

La France croit, d'abord, invinciblement à la
nécessité de la prépondérance d'un seul, et n'imagine pas l'exercice du pouvoir par plusieurs
participants égaux. La France, en outre, estime
que la mutabilité périodique du Chef de l'Etat est
le fléau de l'ordre : et parce que chaque renouvellement du chef amène un remous dans l'esprit
gouvernemental; et parce que l'inflexibilité de
l'échéance maintient les ambitieux en haleine et
aiguillonne leurs convoitises; et parce que, enfin,
il semble impossible que l'homme qui a une fois
joui du suprême Pouvoir se résigne à la vie effacée
du simple citoyen, ni même et peut-être moins encore à un rôle subordonné dans l'Etat, en sorte
qu'il devient comme fatalement un perturbateur.

Or, si ces appréciations sont exactes, et s'il faut
se diriger par elles, il semble bien que le moyen
terme entre la République pure et la monarchie
pure soit l'institution de la Présidence à vie.

III

Or, une fois admise la Présidence à vie, il n'y a pas à hésiter dans le choix du premier titulaire de cette suprême magistrature : un seul homme est actuellement dans les conditions voulues.

Il est, en effet, impossible d'appeler à la Présidence à vie aucun membre de l'ancienne Maison de France. D'abord, ni le Comte de Chambord, ni le Comte de Paris ne pourraient accepter sans, par cela même, se dépouiller de leur caractère. Et le choix d'un autre Prince de la maison d'Orléans serait à la fois une préparation de la monarchie pure, et l'excitation d'un nouveau schisme monarchique en France.

Or, en dehors des Princes du sang royal il n'existe actuellement qu'un seul homme dont la personnalité domine assez toute autre personnalité, et qui possède assez pleinement la confiance de la France, pour que son choix ne suscite aucune sérieuse contradiction, et par conséquent aucun trouble ; et cet homme unique est évidemment le Président actuel de la République : Monsieur Thiers.

Monsieur Thiers est donc désigné par la force même des choses pour la Présidence à vie de la République française.

Daignez agréer,

Messieurs les Représentants, l'hommage de mon profond respect.

————————

Les événements qui se sont accomplis depuis la rédaction de cette pétition n'ont fait, je pense, qu'en vérifier l'exactitude. En outre, Monsieur Thiers a tellement grandi dans l'opinion que si, pour satisfaire aux exigences du plus pur républicanisme, il paraissait nécessaire de recourir au plébiscite, la France entière l'acclamerait avec enthousiasme.

Paris, le 29 septembre 1872.

————————